# CUISINER LE CHEVREUIL

Valéry Drouet et Pierre-Louis Viel

# CUISINER LE CHEVREUIL

## 50 RECETTES

GERFAUT

# SOMMAIRE

## RECETTES

# SOMMAIRE



## ACCOMPAGNEMENTS

# RECETTES

# CIVET DE CHEVREUIL AU CHOCOLAT

Pour **4 personnes** / Préparation **30 min** / Marinade **12 h** / Cuisson **2 h**

**POUR LA MARINADE :**

**1** OIGNON JAUNE
**2** ÉCHALOTES
**1** CAROTTE
**1** BRANCHE DE THYM
**60** CL DE VIN ROUGE
**1** EXPRESSO TRÈS FORT

**1,2** KG D'ÉPAULE DE CHEVREUIL COUPÉE EN MORCEAUX
**3** C. À S. D'HUILE DE TOURNESOL
**1** C. À S. BOMBÉE DE FARINE
**1** C. À S. DE SUCRE
**40** CL DE FOND DE VEAU OU DE GIBIER
**30** G DE CHOCOLAT NOIR À 70 % DE CACAO MINIMUM
SEL ET POIVRE DU MOULIN

## À DÉGUSTER

avec un madiran

**1** La veille, épluchez l'oignon et les échalotes et émincez-les. Pelez et coupez la carotte en dés.

**2** Dans un grand récipient, mettez les morceaux de chevreuil avec l'oignon, les échalotes, la carotte et le thym. Ajoutez le vin rouge et le café, mélangez, couvrez la viande et placez le tout 12 heures au frais.

**3** Le jour même, égouttez la viande. Retirez bien l'excédent de marinade avec de l'essuie-tout.

**4** Dans une cocotte, faites saisir la viande avec l'huile 6 à 8 minutes sur feu vif. Saupoudrez de la farine, puis faites roussir 2 minutes de plus en mélangeant.

**5** Versez la marinade et sa garniture dans la cocotte. Ajoutez le sucre, salez et poivrez. Portez le tout à ébullition, puis laissez ainsi cuire 5 minutes sur feu vif.

**6** Ajoutez le fond de veau ou de gibier et couvrez la cocotte. Laissez cuire 1 h 45 sur feu moyen en écumant et en remuant régulièrement.

**7** Après avoir vérifié que la viande est moelleuse, retirez-la de la cocotte et réservez. Faites réduire la sauce jusqu'à ce qu'elle devienne onctueuse. Filtrez-la, puis nettoyez la cocotte.

**8** Remettez la sauce dans la cocotte. Faites chauffer sur feu doux et ajoutez le chocolat en fouettant jusqu'à ce qu'il ait complètement fondu. Ajoutez alors la viande, réchauffez le tout sur feu très doux. Servez avec des tagliatelles.

# TAJINE DE CHEVREUIL AU POTIMARRON ET AUX RAISINS SECS

Pour **4 personnes** / Préparation **30 min** / Cuisson **2 h 30**

**1,3** KG D'ÉPAULE DE CHEVREUIL COUPÉE EN GROS MORCEAUX
**3** CM DE RACINE DE GINGEMBRE
**2** OIGNONS ROUGES MOYENS
**3** GOUSSES D'AIL
**1** C. À S. RASE DE CORIANDRE EN POUDRE
**1** C. À C. BOMBÉE DE CURCUMA EN POUDRE
**1** C. À S. BOMBÉE DE GRAINES DE CUMIN
**1** C. À S. RASE DE GINGEMBRE EN POUDRE
**8** CL D'HUILE D'OLIVE
**3** C. À S. DE MIEL LIQUIDE
**120** G DE GROS RAISINS SECS
**600** G DE POTIMARRON
**4** BRINS DE CORIANDRE FRAÎCHEMENT CISELÉE
SEL ET POIVRE DU MOULIN

—

**À DÉGUSTER**

avec un pic-saint-loup

**1** Préchauffez le four à 150 °C (th. 5). Épluchez et râpez la racine de gingembre. Pelez et émincez grossièrement les oignons et l'ail. Dans un bol, mélangez la coriandre en poudre avec le curcuma, le cumin, le gingembre en poudre et le gingembre râpé.

**2** Dans une grande cocotte, faites saisir la viande sur toutes ses faces avec la moitié de l'huile d'olive 6 à 8 minutes. Salez et poivrez. Baissez le feu, ajoutez les oignons et l'ail, et faites-les rissoler 6 à 8 minutes en remuant régulièrement. Ajoutez le mélange d'herbes et d'épices et laissez roussir 2 minutes. Ajoutez 2 cuillerées à soupe de miel, laissez légèrement caraméliser 1 minute.

**3** Couvrez d'eau froide et portez à ébullition. Couvrez la cocotte, puis placez-la au four 1 h 30 sans soulever le couvercle.

**4** Au bout de ce temps, ajoutez les raisins secs dans la cocotte. Mélangez et remettez à cuire dans le four 30 minutes.

**5** Pendant ce temps, nettoyez le potimarron, puis coupez-le en cubes. Dans une poêle, faites-le saisir avec le reste de l'huile d'olive 3 minutes sur feu vif. Ajoutez 1 cuillerée de miel et laissez caraméliser 2 minutes.

**6** Sortez la cocotte du four et ajoutez le potimarron. Enfournez à nouveau et laissez cuire 15 minutes à découvert. Parsemez de coriandre et servez.

# Goulasch de chevreuil aux airelles

Pour **4 personnes** / Préparation **20 min** / Cuisson **2 h 30**

**1,2** KG D'ÉPAULE DE CHEVREUIL COUPÉE EN MORCEAUX
**4** BAIES DE GENIÈVRE
**1** C. À C. DE GINGEMBRE
**1** C. À C. DE CANNELLE
**1** C. À C. DE PIMENT DOUX
**2** CAROTTES
**1** POIREAU
**4** GROSSES ÉCHALOTES
**20** G DE BEURRE
**5** CL D'HUILE DE TOURNESOL
**1** BRANCHE DE THYM SÉCHÉ
**1** FEUILLE DE LAURIER SÉCHÉE
**40** CL DE VIN ROUGE
**3** GROSSES C. À S. DE CRÈME FRAÎCHE
**150** G D'AIRELLES EN BOCAL PRÉALABLEMENT ÉGOUTTÉES
SEL ET POIVRE DU MOULIN

**1** À l'aide d'un couteau, hachez les baies de genièvre. Placez-les dans un grand saladier et ajoutez le gingembre, la cannelle et le piment. Placez-y les morceaux de chevreuil, salez, poivrez, puis mélangez le tout à la main, afin de bien imprégner la chair des épices.

**2** Épluchez, lavez et émincez finement les carottes et le poireau. Épluchez et hachez les échalotes.

**3** Dans une cocotte, faites fondre le beurre avec l'huile sur feu moyen, puis faites revenir la viande 6 à 8 minutes sur feu vif en remuant. Ajoutez les échalotes, le poireau et les carottes, et laissez cuire 6 à 8 minutes de plus en mélangeant régulièrement. Les légumes doivent être fondants. Ajoutez le thym et le laurier, et versez le vin ainsi que 30 cl d'eau.

**4** Couvrez et laissez cuire sur feu doux pendant 2 heures jusqu'à ce que la viande soit bien fondante. Si nécessaire, ajoutez de l'eau pendant la cuisson.

**5** Mettez la crème et les airelles dans la cocotte. Faites mijoter 10 minutes sur feu doux, puis servez sans attendre avec des pommes de terre vapeur persillées.

## À DÉGUSTER

avec un terrasses-du-Larzac

# Civet de chevreuil aux poires et aux pleurotes

Pour **4 personnes** / Préparation **30 min** / Marinade **12 h** / Cuisson **2 h**

**POUR LA MARINADE :**

**1** GROS OIGNON JAUNE
**1** GOUSSE D'AIL
**2** CAROTTES
**1** PETITE BRANCHE DE ROMARIN FRAIS
**1** FEUILLE DE LAURIER SÉCHÉE
**3** BAIES DE GENIÈVRE
**5** CL DE VINAIGRE BALSAMIQUE
**75** CL DE VIN BLANC

**1,2** KG D'ÉPAULE DE CHEVREUIL COUPÉE EN MORCEAUX
**5** CL D'HUILE D'OLIVE
**15** CL DE FOND DE VEAU OU DE GIBIER
**1** C. À S. BOMBÉE DE FARINE
**2** POIRES
**50** G DE BEURRE
**1** C. À S. DE MIEL
**400** G DE PLEUROTES
SEL ET POIVRE DU MOULIN

## À DÉGUSTER

avec un pauillac

**1** La veille, épluchez et émincez l'oignon et l'ail. Épluchez, lavez et coupez les carottes en cubes. Dans un grand saladier, mélangez la viande avec l'oignon, l'ail, et les carottes, puis ajoutez le romarin, le laurier, les baies de genièvre, le vinaigre balsamique et le vin blanc. Poivrez, puis couvrez avec un film alimentaire. Placez le tout 12 heures au réfrigérateur.

**2** Le jour même, égouttez la viande. Retirez bien l'excédent de marinade avec de l'essuie-tout.

**3** Dans une cocotte, faites saisir la viande avec l'huile d'olive 6 à 8 minutes sur feu vif. Saupoudrez de la farine, laissez roussir 2 minutes sur feu vif, puis versez la marinade et sa garniture dans la cocotte. Faites bouillir 5 minutes, ajoutez le fond de veau ou de gibier et salez. Portez à ébullition, couvrez la cocotte, puis laissez cuire 1 h 30 sur feu doux.

**4** Pendant ce temps, épluchez les poires et coupez-les en quartiers. Dans une poêle, faites-les saisir avec la moitié du beurre 5 minutes. Ajoutez le miel et laissez caraméliser 3 minutes. Réservez.

**5** Nettoyez les pleurotes et coupez-les en morceaux. Dans une autre poêle, faites-les cuire avec le reste du beurre 6 à 8 minutes sur feu moyen. Salez, poivrez et réservez.

**6** Lorsque la viande est cuite (elle doit être fondante), ajoutez les pleurotes et les poires. Faites cuire encore 10 minutes sur feu moyen, puis servez.

# PARMENTIER DE CHEVREUIL AU CÉLERI

Pour **4 personnes** / Préparation **45 min** / Cuisson **2 h 25**

**800** G D'ÉPAULE DE CHEVREUIL COUPÉE EN PETITS MORCEAUX
**1** GROS OIGNON
**2** GOUSSES D'AIL
**3** CM DE RACINE DE GINGEMBRE
**1** CAROTTE
**5** CL D'HUILE D'OLIVE
**½** C. À C. DE CANNELLE EN POUDRE
**2** PINCÉES DE CUMIN EN POUDRE
**2** C. À S. DE SIROP D'ÉRABLE
**2** C. À S. DE CRÈME FRAÎCHE ÉPAISSE
**2** GROSSES C. À S. DE CHAPELURE
**20** G DE BEURRE COUPÉ EN PETIT MORCEAUX
SEL ET POIVRE DU MOULIN

**POUR LA PURÉE :**

**1** KG DE CÉLERI-RAVE
**120** G DE BEURRE

## À DÉGUSTER

avec un saint-julien

**1** Épluchez et hachez l'oignon et l'ail. Pelez et râpez le gingembre. Épluchez, lavez et coupez la carotte en petits morceaux.

**2** Dans une cocotte, faites saisir la viande avec l'huile d'olive 5 minutes sur feu vif. Baissez le feu et ajoutez l'oignon, la carotte, l'ail et le gingembre. Laissez rissoler 5 minutes. Ajoutez ensuite la cannelle, le cumin et le sirop d'érable. Salez, poivrez et faites légèrement caraméliser 5 minutes en mélangeant. Ajoutez 40 cl d'eau et couvrez. Laissez ainsi cuire 1 h 30 sur feu doux en mélangeant régulièrement.

**3** Pendant ce temps, épluchez, lavez et coupez le céleri en morceaux. Faites-le cuire 30 minutes dans un grand volume d'eau bouillante salée, départ eau froide. Égouttez-le et laissez-le 5 minutes dans la passoire. Mettez-le ensuite dans un récipient haut, ajoutez le beurre et la crème. Salez et poivrez. Réduisez le tout en une purée bien lisse à l'aide d'un mixeur plongeant.

**4** Préchauffez le gril du four à 180 °C (th. 6). Lorsque la viande est cuite (elle doit être fondante), laissez-la tiédir dans la cocotte, puis effilochez-la grossièrement à l'aide d'une fourchette. Sortez la viande de la cocotte à l'aide d'une écumoire et faites réduire le jus de cuisson et la garniture. Hors du feu, remettez la viande et mélangez bien.

**5** Dans un grand plat à gratin, mettez la viande et sa garniture. Étalez la purée par-dessus, saupoudrez de chapelure et ajoutez le beurre. Enfournez à mi-hauteur et faites gratiner 20 minutes. Servez bien chaud.

# EFFILOCHÉE DE CHEVREUIL CONFIT AUX OIGNONS ET À LA MOUTARDE

Pour **4 personnes** / Préparation **45 min** / Cuisson **4 h 45**

**700** G D'ÉPAULE DE CHEVREUIL COUPÉE EN 2 MORCEAUX
**1** C. À S. DE CUMIN EN POUDRE
**2** GROSSES C. À S. DE KETCHUP
**3** C. À S. DE MOUTARDE FORTE
**8** CL DE VINAIGRE DE VIN ROUGE
**50** G DE SUCRE CASSONADE
**3** OIGNONS MOYENS
**5** CL D'HUILE D'OLIVE
**30** G DE BEURRE
SEL ET POIVRE DU MOULIN

—

## À DÉGUSTER

avec un saumur-champigny

1. Préchauffez le four à 130 °C (th. 4-5). Dans un bol, mélangez le cumin, le ketchup, la moutarde, le vinaigre et la cassonade, puis salez et poivrez. Épluchez et émincez les oignons.

2. Dans une cocotte, faites saisir les 2 morceaux d'épaule avec l'huile d'olive 5 minutes de chaque côté sur feu vif. Une fois dorée, retirez et réservez la viande et dégraissez la cocotte.

3. Faites fondre le beurre dans la cocotte sur feu doux, ajoutez les oignons, laissez légèrement dorer 15 minutes sur feu moyen en remuant régulièrement. Ajoutez la viande et la sauce épicée, puis ajoutez 25 cl d'eau. Couvrez, puis enfournez 4 h 30, en tournant la viande toutes les heures.

4. Lorsque la viande est cuite (elle doit être très fondante) et le jus réduit, sortez la cocotte. Laissez reposer la viande 15 minutes sans retirer le couvercle, puis effilochez-la à l'aide d'une fourchette. Mélangez avec les oignons, servez accompagné de salsifis rôtis au beurre persillé (voir p. 94).

# Côtelettes de chevreuil, sauce poivrade

Pour **4 personnes** / Préparation **30 min** / Marinade **6 h** / Cuisson **30 min**

**16** CÔTELETTES DE CHEVREUIL
**1** OIGNON
**1** CAROTTE
**4** GOUSSES D'AIL
**8** CL D'HUILE D'OLIVE
**40** CL DE VIN ROUGE
**40** CL DE VIN BLANC
**8** CL DE VINAIGRE DE VIN
**2** BRANCHES DE THYM
**1** FEUILLE DE LAURIER
**80** G DE GELÉE DE GROSEILLES
**100** G D'AIRELLES EN BOCAL OU SURGELÉES
**20** CL DE FOND DE GIBIER
SEL, POIVRE DU MOULIN

—

## À DÉGUSTER

avec un châteauneuf-du-pape

1. Épluchez, lavez et émincez la carotte. Épluchez et émincez l'oignon. Épluchez les gousses d'ail. Faites revenir l'ensemble 3 minutes dans une casserole sur feu moyen avec la moitié de l'huile d'olive. Ajoutez le vin rouge, le vin blanc, le vinaigre, le thym, le laurier et du sel. Faites bouillir 5 minutes, puis éteignez le feu et laissez tiédir la marinade.

2. Déposez les côtelettes dans un plat creux, puis versez la marinade tiède dessus. Couvrez avec un film alimentaire et mettez la préparation à mariner 6 heures.

3. Égouttez les côtelettes de la marinade. Filtrez 50 cl de marinade à l'aide d'une passoire fine. Saisissez les côtelettes 2 minutes de chaque côté dans un sautoir sur feu vif avec le reste de l'huile d'olive. Déposez les côtelettes dans une assiette, dégraissez le sautoir puis déglacez-le avec la marinade filtrée ; faites-la réduire pour qu'il en reste 15 cl environ. Ajoutez ensuite le fond de gibier, du sel et du poivre et faites réduire de moitié sur feu vif. Ajoutez la gelée de groseilles en fouettant, laissez cuire 3 minutes sur feu vif puis ajoutez les airelles. Mettez les côtelettes dans la sauce, faites cuire le tout 5 minutes sur feu moyen et servez.

4. Accompagnez avec une purée de céleri (voir p. 90) parfumée à la sauge.

# Daube de chevreuil aux carottes

Pour **4 personnes** / Préparation **30 min** / Marinade **12 h** / Cuisson **2 h**

**POUR LA MARINADE :**

**1** GROS OIGNON
**1** ORANGE BIO
**2** BÂTONS DE CANNELLE
**10** GRAINS DE POIVRE NOIR
**1** C. À C. DE GINGEMBRE EN POUDRE
**1** C. À C. DE SUCRE CASSONADE
**75** CL DE VIN BLANC

**1,2** KG D'ÉPAULE DE CHEVREUIL COUPÉE EN MORCEAUX
**700** G DE CAROTTES
**5** CL D'HUILE D'OLIVE
**1** C. À S. DE FARINE
**25** CL DE FOND DE VEAU OU DE GIBIER
SEL ET POIVRE DU MOULIN

## À DÉGUSTER

avec un bourgueil

**1** La veille, épluchez et émincez l'oignon. Pressez l'orange et râpez le zeste. Dans un grand récipient, placez l'oignon, la cannelle, les grains de poivre, le gingembre, la cassonade, le jus et le zeste de l'orange, et la viande. Mélangez, versez le vin blanc, puis couvrez de film alimentaire. Laissez reposer 12 heures au réfrigérateur.

**2** Le jour même, épluchez, lavez et coupez les carottes en rondelles épaisses. Égouttez les morceaux de viande et l'oignon.

**3** Dans une grande cocotte, saisissez la viande et l'oignon avec l'huile d'olive 5 minutes sur feu vif. Une fois dorés, saupoudrez-les de farine et laissez roussir 2 minutes. Ajoutez la marinade, puis portez à ébullition pendant 5 minutes. Ajoutez les carottes, le fond de veau ou de gibier et, si nécessaire, un peu d'eau afin de couvrir. Salez et poivrez. Couvrez et faites cuire 1 h 45 sur feu moyen en mélangeant régulièrement.

# CHEVREUIL À LA MOUTARDE FAÇON *PULLED PORK*

Pour **4 personnes** / Préparation **30 min** / Cuisson **4 h 40**

**800** G D'ÉPAULE DE CHEVREUIL COUPÉE EN MORCEAUX
**2** GOUSSES D'AIL
**1** GROS OIGNON
**2** GROSSES C. À S. DE MOUTARDE FORTE
**1** C. À C. BOMBÉE DE PAPRIKA
**1** C. À C. BOMBÉE DE CUMIN EN POUDRE
**15** CL DE KETCHUP
**8** CL DE SAUCE WORCESTERSHIRE
**5** CL DE VINAIGRE DE VIN ROUGE
**40** G DE SUCRE CASSONADE
**5** CL D'HUILE D'OLIVE
SEL ET POIVRE DU MOULIN

**1** Préchauffez le four à 140 °C (th. 4-5). Épluchez et émincez l'ail et l'oignon. Dans un bol, mélangez la moutarde, le paprika, le cumin, le ketchup, la sauce Worcestershire, le vinaigre et la cassonade. Salez et poivrez.

**2** Dans une cocotte, faites saisir la viande avec l'huile d'olive 8 à 10 minutes sur feu vif. Une fois dorée, ajoutez l'ail et l'oignon. Laissez cuire 5 minutes sur feu moyen, puis ajoutez la sauce épicée ainsi que 25 cl d'eau. Couvrez et enfournez pour 4 h 30 en tournant la viande toutes les heures environ. Si nécessaire, ajoutez un peu d'eau pendant la cuisson.

**3** Au sortir du four, laissez reposer la viande 20 minutes, puis effilochez-la avec une fourchette. Servez avec un bon pain frais ou grillé.

## À DÉGUSTER

avec un chinon

# CHEVREUIL CONFIT AU FOUR À LA BIÈRE BRUNE

Pour **4 personnes** / Préparation **20 min** / Cuisson **4 h 30**

**1,2** KG D'ÉPAULE DE CHEVREUIL COUPÉE EN MORCEAUX
**2** GROS OIGNONS
**5** CL D'HUILE DE TOURNESOL
**30** G DE BEURRE
**60** G DE SUCRE CASSONADE
**1** C. À S. RASE DE FARINE
**2** PINCÉES DE CANNELLE
**2** PINCÉES DE QUATRE-ÉPICES
**40** CL DE BIÈRE BRUNE
**25** CL DE FOND DE VEAU OU DE GIBIER
**1** TRANCHE DE PAIN D'ÉPICE
SEL ET POIVRE DU MOULIN

1. Préchauffez le four à 130 °C (th. 4-5). Épluchez et émincez les oignons.
2. Dans une cocotte, faites saisir les morceaux de chevreuil avec l'huile 5 minutes sur feu vif. Retirez et réservez la viande, puis dégraissez la cocotte.
3. Dans la cocotte, faites fondre le beurre. Ajoutez les oignons, salez, poivrez et faites cuire 10 minutes sur feu moyen. Ajoutez la cassonade et laissez caraméliser 8 à 10 minutes.
4. Remettez les morceaux de viande dans la cocotte. Ajoutez également la farine, la cannelle et le quatre-épices. Salez, poivrez et mélangez le tout 3 minutes sur feu vif. Versez la bière, puis portez à ébullition pendant 3 minutes. Ajoutez le fond de veau ou de gibier et la tranche de pain d'épice émiettée. Couvrez, portez à ébullition et enfournez pour 4 heures, en remuant délicatement la viande toutes les heures.
5. Au sortir du four, laissez reposer 15 minutes avant de servir avec des pommes paille ou des frites fraîches.

### À DÉGUSTER

avec un bière brune
ou un crozes-hermitage

# Chevreuil à l'orange façon osso-buco

Pour **4 personnes** / Préparation **30 min** / Cuisson **2 h**

**4** TRANCHES DE 250 G ENVIRON DE GIGUE DE CHEVREUIL
**1** CAROTTE
**2** BRANCHES DE CÉLERI
**1** GROS OIGNON
**2** ORANGES
**4** BRANCHES DE PERSIL
**60** G DE FARINE
**5** CL D'HUILE D'OLIVE
**4** GOUSSES D'AIL ENTIÈRES
**40** CL DE VIN BLANC
**40** CL DE FOND DE VEAU
SEL ET POIVRE DU MOULIN

## À DÉGUSTER

avec un coteaux-du-languedoc blanc ou un fiefs-vendéens rouge

1. Préchauffez le four à 160 °C (th. 5-6). Épluchez, lavez et taillez la carotte et le céleri-branche en petits cubes. Épluchez et hachez l'oignon. Lavez, zestez et pressez les 2 oranges. Lavez et hachez le persil. Farinez les tranches de gigue.
2. Dans une grande cocotte, faites chauffer l'huile et saisissez les tranches de gigue 5 minutes de chaque côté sur feu vif. Retirez-les et réservez.
3. Dans la cocotte, ajoutez les cubes de carotte et de céleri, l'oignon et les gousses d'ail non épluchées. Laissez rissoler 5 minutes sur feu vif en mélangeant.
4. Déposez la viande sur les légumes. Déglacez avec le vin blanc, ajoutez le jus des oranges et 1/3 des zestes. Faites bouillir 5 minutes sur feu vif.
5. Ajoutez le fond de veau, salez et poivrez. Couvrez la cocotte et faites cuire 2 heures au four en retournant les tranches après 1 heure de cuisson.
6. Au sortir du four, parsemez la viande avec le reste des zestes d'oranges mélangés au persil. Servez avec des tagliatelles.

# Cocotte de chevreuil au vin cuit et au vinaigre

Pour **4 personnes** / Préparation **30 min** / Marinade **12 h** / Cuisson **2 h 15**

**POUR LA MARINADE :**

**1** OIGNON JAUNE
**2** ÉCHALOTES
**2** GOUSSES D'AIL
**2** CAROTTES
**1** BRANCHE DE THYM FRAIS
**1** FEUILLE DE LAURIER SÉCHÉE
**50** CL DE VIN ROUGE
**5** CL DE VINAIGRE BALSAMIQUE
**5** CL DE VINAIGRE DE VIN
**15** CL DE PORTO OU DE MADÈRE

**1,2** KG D'ÉPAULE DE CHEVREUIL COUPÉE EN MORCEAUX
**5** CL D'HUILE DE TOURNESOL
**1** C. À S. BOMBÉE DE FARINE
**40** CL DE FOND DE VEAU OU DE GIBIER
**1** C. À S. DE SUCRE
**600** G DE POMMES DE TERRE GRENAILLE
**25** G DE BEURRE
**1** BOTTE DE CIBOULETTE FINEMENT CISELÉE
SEL ET POIVRE DU MOULIN

**1** La veille, épluchez l'oignon, les échalotes et l'ail, puis émincez-les. Pelez et coupez les carottes en dés. Dans un grand récipient, mettez les morceaux de chevreuil avec l'oignon, l'ail, les échalotes, les carottes, le thym et le laurier. Ajoutez le vin rouge, les 2 vinaigres et le porto ou le madère, et mélangez bien. Couvrez de film alimentaire et placez 12 heures au réfrigérateur.

**2** Le jour même, égouttez la viande. Retirez bien l'excédent de marinade avec de l'essuie-tout.

**3** Dans une cocotte, faites saisir la viande avec la moitié de l'huile 6 à 8 minutes sur feu vif. Saupoudrez de farine et faites roussir 2 minutes en mélangeant. Ajoutez la marinade et sa garniture, le sucre, salez et poivrez. Portez à ébullition pendant 5 minutes, puis ajoutez le fond de veau ou de gibier. Couvrez et laissez cuire 1 h 30 sur feu moyen en écumant et en remuant régulièrement.

**4** Pendant ce temps, lavez les pommes de terre. Dans une poêle, faites-les rissoler avec le beurre et le reste de l'huile 15 minutes sur feu moyen. Réservez.

**5** Après 1 h 30 de cuisson, ajoutez les pommes de terre dans la cocotte. Baissez le feu et prolongez la cuisson de 30 minutes.

**6** Lorsque la viande est cuite (elle doit être moelleuse), parsemez de ciboulette juste au moment de servir et dégustez.

## À DÉGUSTER

avec un madiran

# CURRY ROUGE DE CHEVREUIL

Pour **4 personnes** / Préparation **30 min** / Marinade **4 h** / Cuisson **1 h 30**

**POUR LA MARINADE :**

**50** G DE RACINE DE GINGEMBRE FRAIS
**2** PIMENTS ROUGES
SEL

**800** G D'ÉPAULE DE CHEVREUIL COUPÉE EN MORCEAUX
**2** OIGNONS ROUGES
**4** GOUSSES D'AIL
**5** CL D'HUILE DE TOURNESOL
**2** GROSSES C. À S. DE PÂTE DE CURRY ROUGE
**30** CL DE LAIT DE COCO
**1** PETIT BOUQUET DE CORIANDRE FRAÎCHE
SEL ET POIVRE DU MOULIN

## À DÉGUSTER

avec un alsace pinot noir ou un bandol rouge

**1** Épluchez le gingembre et râpez-le dans un grand récipient. Nettoyez et hachez finement les piments, puis mélangez-les avec le gingembre. Ajoutez les morceaux de chevreuil et salez. Mélangez afin de bien enrober la viande. Couvrez de film alimentaire et placez 4 heures au réfrigérateur.

**2** Épluchez et hachez les oignons et l'ail.

**3** Dans une grande cocotte, faites saisir les morceaux de viande, le gingembre et le piment avec l'huile 6 à 8 minutes sur feu vif. Retirez la viande, baissez le feu et mettez les oignons et l'ail. Laissez fondre 5 à 7 minutes sur feu moyen.

**4** Remettez la viande dans la cocotte. Ajoutez la pâte de curry rouge, enrobez-en bien les morceaux et laissez roussir 5 minutes sur feu moyen. Versez le lait de coco et couvrez d'eau. Salez légèrement. Portez à ébullition, puis couvrez. Laissez cuire 1 h 30 environ sur feu moyen en remuant régulièrement. Si nécessaire, ajoutez un peu d'eau pendant la cuisson.

**5** Effeuillez et ciselez la coriandre, et ajoutez-la dans la sauce juste au moment de servir. Dégustez avec un chou rouge confit à l'orange (voir p. 92) ou un riz grillé.

# Rôti de chevreuil aux épices, échalotes et oranges

Pour **6 à 8 personnes** / Préparation **30 min** / Marinade **12 h** / Cuisson **45 min**

**POUR LA MARINADE :**

**2** ORANGES
**5** CL D'HUILE D'OLIVE
**1** C. À C. RASE DE CANNELLE
**1** C. À S. RASE DE QUATRE-ÉPICES
**1** C. À C. BOMBÉE DE GINGEMBRE EN POUDRE

**1,2** KG ENVIRON DE RÔTI DANS LA GIGUE
**12** GROSSES ÉCHALOTES
**50** CL D'HUILE D'ARACHIDE
**2** C. À S. D'HUILE D'OLIVE
**15** CL DE FOND DE VEAU OU DE GIBIER
**20** G DE BEURRE
SEL ET POIVRE DU MOULIN

## À DÉGUSTER

avec un cahors

**1** La veille, lavez, zestez et pressez les oranges. Dans un récipient, mélangez le jus et les zestes avec l'huile d'olive, la cannelle, le quatre-épices, le gingembre et du poivre.

**2** Mettez le rôti de chevreuil dans un plat pas trop large à bords hauts. Versez la marinade sur le rôti et enrobez-le bien, puis couvrez de film alimentaire. Placez le plat au réfrigérateur 12 heures en retournant le rôti après 6 heures pour qu'il s'imprègne bien de la marinade sur tous les côtés.

**3** Le jour même, épluchez les échalotes en les gardant entières. Mettez-les dans une casserole, couvrez-les d'huile d'arachide et faites chauffer sur feu doux. Laissez les échalotes confire 15 minutes, éteignez le feu et laissez refroidir les échalotes dans l'huile avant de les égoutter.

**4** Préchauffez le four à 210 °C (th. 7). Égouttez le rôti en l'essuyant légèrement. Dans une plaque à rôtir, faites-le saisir avec l'huile d'olive 5 minutes sur feu vif sur toutes ses faces.

**5** Placez la plaque dans le four et faites cuire le rôti 20 minutes pour une cuisson rosée. Sortez-le du four, couvrez-le de papier aluminium et laissez reposer 10 minutes.

**6** Dégraissez la plaque de cuisson, posez-la sur le feu et déglacez avec la marinade. Laissez réduire de moitié. Ajoutez le fond de veau ou de gibier, le beurre, du sel et du poivre. Faites bouillir 3 minutes en fouettant. Ajoutez les échalotes confites et laissez chauffer 5 minutes sur feu doux. Réservez.

**7** Coupez le rôti en tranches, servez avec la sauce et les échalotes. Accompagnez avec des légumes rôtis, des endives caramélisées ou une purée de pommes de terre (voir p. 90).

# CIVET DE CHEVREUIL AU GENIÈVRE ET AUX FRUITS ROUGES

Pour **4 personnes** / Préparation **30 min** / Marinade **12 h** / Cuisson **2 h**

**POUR LA MARINADE :**

**1** OIGNON JAUNE
**2** ÉCHALOTES
**1** CAROTTE
**1** BRANCHE DE THYM
**1** FEUILLE DE LAURIER
**2** BAIES DE GENIÈVRE
**60** CL DE VIN ROUGE
**8** CL DE CRÈME DE CASSIS
**5** CL DE SIROP DE FRAISE OU DE CASSIS

**1,2** KG DE VIANDE DE CHEVREUIL COUPÉE EN MORCEAUX
**3** C. À S. D'HUILE DE TOURNESOL
**1** C. À S. BOMBÉE DE FARINE
**40** CL DE FOND DE VEAU OU DE GIBIER
**1** C. À S. DE SUCRE
**2** C. À S. DE CONFITURE DE CERISES NOIRES
**125** G DE MYRTILLES FRAÎCHES
**125** G DE GROSEILLES FRAÎCHES
SEL ET POIVRE DU MOULIN

**1** La veille, épluchez l'oignon et les échalotes, et émincez-les. Épluchez, lavez et coupez la carotte en dés. Dans un grand récipient, mettez les morceaux de chevreuil avec l'oignon, les échalotes, la carotte, le thym, le laurier et les baies de genièvre. Ajoutez le vin rouge, la crème de cassis et le sirop de fraise. Mélangez, couvrez de film alimentaire et placez 12 heures au réfrigérateur.

**2** Le jour même, égouttez la viande. Retirez bien l'excédent de marinade avec de l'essuie-tout.

**3** Dans une cocotte, faites saisir la viande avec l'huile 6 à 8 minutes sur feu vif. Saupoudrez de farine et faites roussir 2 minutes en mélangeant. Versez la marinade et sa garniture, le sucre, salez et poivrez. Portez à ébullition pendant 5 minutes, puis ajoutez le fond de veau ou de gibier. Couvrez et laissez cuire 1 h 45 sur feu moyen en écumant et en remuant régulièrement.

**4** Lorsque la viande est cuite (elle doit être moelleuse), retirez-la de la cocotte, puis faites réduire la sauce jusqu'à ce qu'elle devienne onctueuse. Filtrez la sauce à l'aide d'un chinois ou d'une passoire fine et nettoyez la cocotte.

**5** Remettez la sauce dans la cocotte. Faites chauffer sur feu doux, ajoutez la viande et la confiture. Laissez mijoter 10 minutes sur feu très doux. Ajoutez les myrtilles et les groseilles, et laissez encore cuire 5 minutes sans faire bouillir.

**6** Servez ce civet accompagné de pommes paille.

## À DÉGUSTER

avec un côte-du-marmandais

# Daube de chevreuil au vin rouge et à l'ail

Pour **4 personnes** / Préparation **30 min** / Cuisson **2 h 30**

**800-900** G DE VIANDE DE CHEVREUIL
**2** OIGNONS JAUNES MOYENS
**4** GOUSSES D'AIL
**1** BRANCHE DE CÉLERI
**1** CAROTTE MOYENNE
**5** CL D'HUILE D'OLIVE
**1** C. À S. BOMBÉE DE FARINE
**60** CL DE VIN ROUGE
**40** CL DE FOND DE GIBIER À POIL OU DE FOND DE VEAU
**1** PETIT BOUQUET DE THYM
SEL, POIVRE DU MOULIN

## À DÉGUSTER

avec un anjou rouge ou un coteaux-du-languedoc rouge

**1** Coupez la viande en cubes de 2 cm environ. Épluchez les oignons, les gousses d'ail, le céleri et la carotte et coupez-les en petits morceaux. Saisissez 5 minutes les cubes de viande dans une grande cocotte avec l'huile. Retirez ensuite les morceaux de chevreuil, mettez les légumes dans la cocotte et faites-les cuire 5 minutes sur feu moyen. Remettez ensuite la viande, saupoudrez de farine et mélangez le tout 3 minutes sur feu vif.

**2** Versez ensuite le vin dans la cocotte et portez à ébullition. Versez le fond de veau, salez, poivrez. Couvrez la cocotte et laissez mijoter 1 h 45 sur feu doux en mélangeant les morceaux régulièrement et en écumant la surface.

**3** Sortez la viande et la garniture de la cocotte. Dans un plat, conservez uniquement la viande et couvrez-la avec du film alimentaire. Faites réduire le fond de cuisson jusqu'à ce qu'il ait une consistance sirupeuse puis filtrez-le dans une passoire fine. Remettez la sauce filtrée dans la cocotte propre et ajoutez-y les morceaux de viande.

**4** Faites légèrement brûler les branches de thym, ajoutez-les dans la cocotte et laissez mijoter 10 minutes.

**5** Servez la daube avec une purée de panais au wasabi (voir p. 90) ou de potiron, ou de la polenta.

# Filets de chevreuil au poivre et chicons

Pour **4 personnes** / Préparation **20 min** / Réfrigération **24 h** / Cuisson **35 min**

**800** G DE FILETS DE CHEVREUIL
**15** G DE POIVRE DE SICHUAN CONCASSÉ
**8** PETITS CHICONS
**30** G DE BEURRE
**1** C. À S. DE MIEL LIQUIDE
**2** C. À S. D'HUILE DE TOURNESOL
**5** CL D'ARMAGNAC OU DE COGNAC
**20** CL DE FOND DE VEAU OU DE GIBIER
**1** C. À S. DE CRÈME FRAÎCHE ÉPAISSE
SEL ET POIVRE DU MOULIN

## À DÉGUSTER

avec un anjou rouge

**1** La veille, roulez les filets de chevreuil dans le poivre en appuyant bien dessus pour le faire pénétrer. Enveloppez-les de 2 ou 3 épaisseurs de film alimentaire et placez-les 24 heures au réfrigérateur.

**2** Le jour même, nettoyez les chicons, puis faites-les dorer avec le beurre dans une poêle 6 à 8 minutes sur feu moyen. Versez le miel, salez, poivrez et laissez légèrement caraméliser pendant 5 minutes sur feu moyen. Ajoutez 15 cl d'eau et laissez cuire les chicons 15 minutes sur feu doux en les tournant régulièrement. Réservez.

**3** Dans une autre poêle, faites saisir les filets de chevreuil avec l'huile 3 à 5 minutes (selon la cuisson désirée) de chaque côté sur feu vif. Salez, puis déposez-les sur une grille ou une assiette. Couvrez de papier aluminium et réservez.

**4** Dégraissez la poêle, remettez-la sur le feu et déglacez-la avec l'armagnac. Ajoutez le fond de veau ou de gibier et faites réduire jusqu'à obtenir une sauce légèrement épaisse. Ajoutez la crème fraîche, salez, et faites encore réduire 3 minutes sur feu vif en fouettant. Remettez les filets dans la poêle et faites chauffer 2 minutes. Coupez-les en morceaux, arrosez-les de sauce et servez avec les chicons.

# NOISETTE DE CHEVREUIL, SAUCE LIE DE VIN, MOUSSELINE DE CÉLERI

Pour **4 personnes** / Préparation **30 min** / Cuisson **55 min**

**700** G DE FILETS DE CHEVREUIL
**1** CAROTTE
**1** OIGNON MOYEN
**1** PETITE BRANCHE DE CÉLERI
**75** CL DE VIN ROUGE
**1** C. À S. BOMBÉE DE SUCRE CASSONADE
**10** CL DE FOND DE VEAU OU DE GIBIER
**2** C. À S. D'HUILE D'OLIVE
SEL ET POIVRE DU MOULIN

**POUR LA MOUSSELINE :**
**600** G DE CÉLERI-RAVE
**90** G DE BEURRE
**6** FEUILLES DE SAUGE

—

## À DÉGUSTER

avec un bourgueil

**1** Épluchez, lavez et coupez la carotte et le céleri-branche en petits cubes. Épluchez et hachez l'oignon. Mettez les légumes dans une casserole avec le vin et le sucre cassonade. Faites réduire une vingtaine de minutes sur feu moyen jusqu'à ce qu'il reste ¼ du vin environ.

**2** Ajoutez le fond de veau ou de gibier. Salez et poivrez. Faites cuire encore 8 à 10 minutes sur feu moyen jusqu'à obtenir une sauce bien brillante. Filtrez la sauce dans une casserole propre et gardez-la au chaud, au bain-marie.

**3** Préparez la mousseline. Épluchez et coupez le céleri-rave en petits cubes. Dans une casserole, couvrez-le entièrement d'eau froide. Salez, poivrez et portez à ébullition. Faites cuire 20 minutes sur feu moyen.

**4** Égouttez le céleri dans une passoire, puis mettez-le dans un récipient à bords hauts. Ajoutez le beurre en petits morceaux, du sel et du poivre et réduisez le tout en une mousseline bien lisse à l'aide d'un mixeur plongeant (environ 3 minutes). Plus vous mettrez de beurre, meilleure sera la mousseline !

**5** Lavez et ciselez les feuilles de sauge. Ajoutez-les dans la mousseline et mélangez. Transvasez la mousseline dans un récipient et gardez-la au chaud, au bain-marie.

**6** Coupez les filets de chevreuil en tronçons de 3 centimètres environ. Assaisonnez de sel et de poivre. Au dernier moment, faites saisir la viande 2 minutes de chaque côté sur feu vif. Servez aussitôt avec la mousseline de céleri et la sauce lie de vin.

# Noisette de chevreuil aux cèpes et aux amandes en persillade

Pour **4 personnes** / Préparation **30 min** / Cuisson **30 min**

**700** G DE FILET DE CHEVREUIL
**20** CL DE FOND DE VEAU OU DE GIBIER
**4** BRANCHES DE PERSIL FRISÉ
**30** G D'AMANDES ENTIÈRES NON MONDÉES
**1** ÉCHALOTE
**1** C. À S. RASE DE POUDRE D'AMANDES
**300** G DE CÈPES
**20** G + **10** G DE BEURRE
**12** TRANCHES DE LARD FUMÉ
**2** C. À S. D'HUILE DE NOIX OU DE NOISETTE
SEL ET POIVRE DU MOULIN

## À DÉGUSTER

avec un côte-rôtie

**1** Dans une casserole, faites réduire de moitié le fond de veau ou de gibier sur feu doux. Réservez.

**2** Lavez et hachez le persil. Dans une poêle chaude, faites torréfier les amandes 5 minutes à sec. Hachez-les grossièrement avec un couteau, puis mélangez-les avec la poudre d'amandes et le persil.

**3** Nettoyez les cèpes et hachez-les au couteau. Dans une poêle, faites-les cuire avec 20 grammes de beurre 5 à 6 minutes sur feu moyen. Salez et poivrez. Ajoutez le mélange aux amandes et la moitié du fond réduit. Faites cuire 5 minutes jusqu'à ce que les cèpes soient compotés. Laissez refroidir.

**4** Ouvrez les morceaux de filet en portefeuille. Salez et poivrez. Garnissez-les avec la compotée de cèpes. Entourez-les ensuite avec les tranches de lard en serrant bien et ficelez pour former un rôti. Placez-le au réfrigérateur jusqu'au moment de servir.

**5** Dans une casserole, chauffez le reste du fond de veau sur feu moyen. Salez, poivrez, ajoutez le beurre restant et fouettez.

**6** Au dernier moment, coupez le filet en morceaux de 3 centimètres d'épaisseur environ. Dans une poêle, faites-les saisir avec l'huile de noix ou de noisette 1 à 3 minutes sur feu vif de chaque côté selon la cuisson désirée.

**7** Servez avec le fond monté au beurre, accompagné de légumes-racines rôtis ou de topinambours confits (voir p. 94).

# Filets de chevreuil à l'orange, chicorées rouges grillées

Pour **4 personnes** / Préparation **15 min** / Marinade **6 h** / Cuisson **20 min**

**POUR LA MARINADE :**

**1** ORANGE BIO À JUS
**3** CL D'HUILE D'OLIVE

**700** G DE FILETS DE CHEVREUIL
**1** ORANGE BIO À JUS
**1** GROSSE C. À S. DE MIEL LIQUIDE
**2** C. À S. DE VINAIGRE DE VIN
**10** CL DE FOND DE VEAU OU DE GIBIER
**8** PETITES CHICORÉES ROUGES
**25** G DE BEURRE
SEL ET POIVRE DU MOULIN

## À DÉGUSTER

avec un crozes-hermitage

1. Lavez et zestez l'orange (conservez le jus pour le reste de la recette). Dans un bol, mélangez les zestes avec l'huile d'olive.
2. Mettez les filets dans un plat à bords hauts, badigeonnez-les avec l'huile d'olive à l'orange et couvrez de film alimentaire. Placez 6 heures au réfrigérateur.
3. Zestez la deuxième orange, réservez. Pressez les 2 oranges. Dans une casserole, faites chauffer le miel avec le vinaigre 5 minutes sur feu doux. Ajoutez le jus des oranges, laissez réduire de moitié sur feu moyen. Ajoutez le fond de veau ou de gibier et faites réduire 5 minutes. Salez et poivrez. Gardez la sauce au chaud, au bain-marie.
4. Retirez le pied des chicorées en les gardant entières. Si elles sont grosses, coupez-les en 2 ou en 4.
5. Dans une poêle, faites chauffer le beurre. Quand il devient mousseux, ajoutez les chicorées et faites-les dorer 5 minutes sur feu vif en les retournant à mi-cuisson. Salez et poivrez. Réservez.
6. Dans une poêle, saisissez les filets 6 à 8 minutes sur feu vif avec l'huile de la marinade. Salez et poivrez.
7. Coupez les filets en tranches épaisses, servez avec la chicorée et la sauce. Vous pouvez parsemer les filets des zestes d'orange mis de côté au moment de servir.

# FILETS DE CHEVREUIL PANÉS AUX HERBES ET À LA MOUTARDE, PANAIS RÔTIS

Pour **4 personnes** / Préparation **20 min** / Cuisson **50 min**

**700** G DE FILETS DE CHEVREUIL
**600** G DE PANAIS
**8** CL + **2** C. À S. D'HUILE D'OLIVE
**5** CL DE SIROP D'ÉRABLE
**3** PINCÉES DE PIMENT D'ESPELETTE
**3** PINCÉES DE CUMIN EN POUDRE

**POUR LA PANURE :**

**4** BRANCHES D'ESTRAGON
**4** BRANCHES DE CERFEUIL
**½** BOTTE DE CIBOULETTE
**3** BRANCHES DE PERSIL
**2** C. À S. DE MOUTARDE
**2** C. À S. DE GRAINES DE MOUTARDE
SEL

**À DÉGUSTER**

avec un gaillac rouge

**1** Préchauffez le four à 180 °C (th. 6). Épluchez et lavez les panais, coupez-les en deux dans le sens de la longueur. Déposez-les dans une plaque à rôtir. Arrosez-les avec les 8 centilitres d'huile d'olive et le sirop d'érable. Saupoudrez de piment d'Espelette et de cumin. Salez.

**2** Placez la plaque dans le four et faites rôtir 40 minutes.

**3** Pendant ce temps, préparez la panure. Lavez et hachez les herbes. Dans un bol, mélangez-les avec la moutarde et les graines de moutarde.

**4** Dans une poêle, faites saisir les filets de chevreuil entiers avec les 2 cuillerées à soupe d'huile d'olive 1 minute sur feu vif. Salez, poivrez.

**5** Badigeonnez les filets avec le mélange aux herbes et à la moutarde. Déposez-les dans un plat à four.

**6** Une fois les panais cuits, sortez-les et couvrez-les avec du papier aluminium. Augmentez la température du four à 240 °C (th. 8). Mettez les filets de chevreuil au four et faites cuire 5 à 10 min selon la cuisson désirée.

**7** Sortez les filets du four. Découpez-les en tronçons de 3 centimètres et servez-les avec les panais et leur jus de cuisson.

# FILETS DE CHEVREUIL RÔTIS AUX FRUITS SECS ET À LA CANNELLE

Pour **4 personnes** / Préparation **30 min** / Cuisson **20 min**

**800** G DE FILETS DE CHEVREUIL
**20** G DE NOISETTES ENTIÈRES
**20** G D'AMANDES ENTIÈRES
**10** G DE PIGNONS DE PIN
**1** FIGUE SÉCHÉE MOELLEUSE
**2** ABRICOTS SECS MOELLEUX
**1** C. À S. DE MIEL LIQUIDE
**2** PINCÉES DE CANNELLE
**15** G DE CRANBERRIES SÉCHÉES
**400** G DE POTIMARRON
**8** CL D'HUILE D'OLIVE
SEL ET POIVRE DU MOULIN

—

## À DÉGUSTER

avec un bandol rosé

**1** Hachez grossièrement les noisettes, les amandes et les pignons de pin avec un couteau. Coupez la figue et les abricots en petits morceaux.

**2** Dans une poêle chaude, faites torréfier les fruits secs à sec 3 minutes. Ajoutez la figue, les abricots, le miel et la cannelle. Faites légèrement caraméliser 2 minutes sur feu moyen, puis laissez refroidir.

**3** Préchauffez le four à 210 °C (th. 7). Pour chaque filet, procédez ainsi : coupez les filets en 2 morceaux de longueur égale et entaillez ceux-ci sur toute leur longueur. Garnissez un des morceaux avec les fruits secs caramélisés et le miel, puis posez le second par-dessus. Ficelez-le tout pour former un rôti. Réservez.

**4** Lavez et coupez le potimarron en cubes. Dans une poêle, faites-le dorer avec la moitié de l'huile d'olive 5 minutes sur feu vif. Déposez-le ensuite dans un grand plat à four.

**5** Versez le reste de l'huile dans la poêle et faites saisir les rôtis 2 minutes de chaque côté sur feu vif. Déposez les rôtis dans le plat contenant le potimarron, salez et poivrez. Enfournez pour 10 à 15 minutes, selon la cuisson désirée.

**6** Au sortir du four, laissez reposer 5 minutes avant de découper les rôtis et de les servir accompagnés des cubes de potimarron.

# Rôti de chevreuil mariné aux aromates, topinambours sautés aux noix

Pour **6 à 8 personnes** / Préparation **40 min** / Marinade **24 h** / Cuisson **1 h**

**POUR LA MARINADE :**

**4** BAIES DE GENIÈVRE
**4** FEUILLES DE LAURIER
**10** GRAINS DE POIVRE NOIR
**1** CLOU DE GIROFLE
**2** BRANCHES DE THYM
**1** C. À C. DE FEUILLES DE ROMARIN
**8** CL D'HUILE D'OLIVE
**10** CL DE VIN BLANC

**1,4** KG DE RÔTI DE CHEVREUIL DANS LA GIGUE
**700** G DE TOPINAMBOURS
**2** C. À S. D'HUILE D'OLIVE
**80** G DE CERNEAUX DE NOIX
**30** G DE BEURRE
SEL ET POIVRE DU MOULIN

—

## À DÉGUSTER

avec un côte-de-bourg blanc

1. La veille, hachez les baies de genièvre, les feuilles de laurier, les grains de poivre, le clou de girofle, les branches de thym effeuillées et le romarin avec un couteau. Mélangez le tout dans un récipient avec l'huile d'olive et le vin blanc.
2. Déposez le rôti dans un plat. Badigeonnez-le avec la marinade et couvrez de film alimentaire. Placez 24 heures au réfrigérateur en retournant la viande au bout de 12 heures.
3. Le jour même, épluchez et lavez les topinambours. Dans une casserole, faites-les cuire 15 minutes dans de l'eau bouillante salée. Égouttez-les et rafraîchissez-les dans l'eau froide. Réservez.
4. Préchauffez le four à 200 °C (th. 6-7). Égouttez le rôti et retirez l'excédent de marinade en l'essuyant avec un essuie-tout. Dans une plaque à rôtir, faites-le saisir avec 2 cuillerées à soupe d'huile d'olive 5 minutes sur toutes ses faces.
5. Placez la plaque dans le four et faites cuire le rôti 25 minutes pour une cuisson rosée. Prolongez de 15 minutes pour un rôti bien cuit.
6. Hachez grossièrement les cerneaux de noix avec un couteau.
7. Dans une poêle, faites dorer les topinambours avec le beurre 6 à 8 minutes sur feu moyen. Ajoutez les noix. Salez et poivrez.
8. Sortez le rôti du four, enveloppez-le dans du papier aluminium et laissez-le reposer 10 minutes avant de le trancher et de le servir accompagné des topinambours.

# Gigue de chevreuil marinée au laurier et rôtie, crème d'ail

Pour **6 à 8 personnes** / Préparation **30 min** / Marinade **24 h** / Cuisson **1 h**

**POUR LA MARINADE :**

**1** GROS OIGNON
**2** TÊTES D'AIL
**1** BRANCHE DE CÉLERI
**4** BAIES DE GENIÈVRE
**1** BELLE BRANCHE DE LAURIER SÉCHÉE
**10** GRAINS DE POIVRE NOIR
**75** CL DE VIN BLANC

**1** GIGUE DE CHEVREUIL
**1** TÊTE D'AIL
**40** CL DE CRÈME LIQUIDE
**5** CL D'HUILE D'OLIVE
SEL ET POIVRE DU MOULIN

## À DÉGUSTER

avec un châteauneuf-du-pape rouge

1. La veille, désossez la gigue en grattant l'os par l'intérieur, ceci qui permettra de la conserver entière sans avoir à la ficeler. Épluchez et coupez l'oignon en rondelles. Coupez les têtes d'ail en deux dans le sens de l'épaisseur. Lavez et épluchez le céleri, puis coupez-le en tronçons. Concassez les baies de genièvre à l'aide d'un pilon ou d'un couteau.
2. Garnissez la gigue avec la branche de laurier, puis déposez le tout dans un grand plat à four à bords hauts. Répartissez autour les 2 têtes d'ail, les baies de genièvre, le céleri et les grains de poivre. Versez le vin blanc par-dessus. Couvrez de film alimentaire et placez 24 heures au réfrigérateur en tournant la gigue à mi-temps.
3. Le jour même, épluchez la tête d'ail, puis faites blanchir ses gousses 3 minutes dans une casserole d'eau, départ eau froide. Renouvelez deux fois l'opération.
4. Dans une casserole, versez la crème liquide et 5 cl d'eau, puis déposez les gousses d'ail. Salez, poivrez et faites cuire cette sauce 20 minutes sur feu doux. Mixez-la ensuite à l'aide d'un mixeur plongeant. Réservez la sauce au chaud au bain-marie.
5. Préchauffez le four à 210 °C (th. 7). Égouttez la viande en retirant bien l'excédent de marinade avec de l'essuie-tout. Arrosez-la d'huile d'olive, salez, poivrez, et déposez les têtes d'ail de la marinade autour.
6. Faites cuire la gigue 35 à 50 minutes selon la cuisson désirée, en l'arrosant régulièrement.
7. Au sortir du four, couvrez la gigue de papier aluminium et laissez reposer 10 minutes avant de la découper et de la déguster avec la crème d'ail. Accompagnez de potirons rôtis aux graines (voir p. 94).

# GIGUE DE CHEVREUIL EN COCOTTE À LA CRÈME POIVRÉE

Pour **8 personnes** / Préparation **30 min** / Cuisson **40 min**

**1** GIGUE DE CHEVREUIL DÉSOSSÉE ET FICELÉE
**2** ÉCHALOTES
**1** OIGNON
**1** CAROTTE
**1** C. À S. BOMBÉE DE POIVRE MOULU
**5** CL D'HUILE D'OLIVE
**5** CL DE COGNAC
**10** CL DE VIN BLANC
**30** CL DE CRÈME LIQUIDE
**2** BRANCHES DE THYM
**2** FEUILLES DE LAURIER
SEL

—

**À DÉGUSTER**
avec un côte-rôtie

1. Épluchez et émincez les échalotes et l'oignon. Épluchez et taillez la carotte en cubes.
2. Badigeonnez la gigue de poivre moulu en appuyant bien dessus avec vos mains pour le faire pénétrer.
3. Préchauffez le four à 210 °C (th. 7). Dans une grande cocotte, faites saisir la gigue avec l'huile d'olive 5 minutes de chaque côté sur feu vif. Salez. Ajoutez les échalotes, l'oignon et la carotte et faites rissoler 3 minutes.
4. Arrosez la gigue de cognac et faites flamber.
5. Versez le vin blanc, le thym et le laurier dans le fond de la cocotte et enfournez sans couvrir. Faites cuire la gigue 25 minutes pour une cuisson rosée, prolongez de 15 minutes pour une viande bien cuite.
6. Sortez la cocotte du four et enveloppez la gigue dans du papier aluminium. Laissez reposer 10 minutes.
7. Pendant ce temps, placez la cocotte sur le feu et versez-y la crème avec 10 cl d'eau et du sel. Faites réduire jusqu'à ce que la sauce soit légèrement épaisse. Puis filtrez avec une passoire fine et réservez dans un bol de service.
8. Coupez la gigue en tranches et servez avec la crème au poivre. Accompagnez ce plat d'un gratin dauphinois ou d'une purée de carottes et céleri aux noisettes.

# CÔTELETTES DE CHEVREUIL AUX GRAINES ET AUX NOISETTES, MOUSSELINE DE PATATES DOUCES

Pour **4 personnes** / Préparation **30 min** / Cuisson **55 min**

**POUR LE CRUMBLE :**

**25** G DE BEURRE MOU
**40** G DE FARINE
**30** G DE PARMESAN RÂPÉ
**1** C. À S. DE GRAINES DE SÉSAME
**1** C. À S. DE GRAINES DE COURGE
**2** C. À S. DE GRAINES DE LIN
**1** C. À S. DE NOISETTES
SEL ET POIVRE DU MOULIN

**12** CÔTELETTES DE CHEVREUIL
**600** G DE PATATES DOUCES
**30** CL DE FOND DE VEAU OU DE GIBIER
**75** G DE BEURRE
**1** PINCÉE DE CANNELLE EN POUDRE
**2** C. À S. D'HUILE D'OLIVE

—

## À DÉGUSTER

avec un côte-de-beaune rouge

1. Préchauffez le four à 180 °C (th. 6). Préparez le crumble : concassez les noisettes avec un couteau. Dans un récipient, mélangez le beurre avec la farine, le parmesan, les graines, les noisettes du sel et du poivre jusqu'à obtenir une pâte friable. Émiettez cette pâte sur une plaque à four, puis enfournez pour 18 à 20 minutes. Au sortir du four, laissez refroidir sur la plaque.

2. Épluchez, lavez et coupez les patates douces en gros morceaux. Faites-les cuire 20 minutes dans un grand volume d'eau bouillante salée.

3. Pendant ce temps, dans une casserole, faites réduire de moitié le fond de veau ou de gibier avec du sel et du poivre.

4. Égouttez les patates douces, mettez-les dans un récipient haut, ajoutez le beurre et la cannelle, salez et poivrez. Réduisez le tout en mousseline à l'aide d'un mixeur plongeant. Réservez au chaud, au bain-marie.

5. Dans une poêle, faites saisir les côtelettes avec l'huile d'olive 2 à 3 minutes de chaque côté, selon la cuisson désirée. Salez et poivrez.

6. Servez les côtelettes avec la purée de patates douces et le jus réduit, parsemez de crumble aux graines et dégustez.

# Côtelettes de chevreuil à la moutarde douce et aux herbes

Pour **4 personnes** / Préparation **15 min** / Cuisson **8 min**

**16** CÔTELETTES DE CHEVREUIL ÉPAISSES
**1** BOUQUET DE CERFEUIL
**4** BRANCHES DE PERSIL
**2** GROSSES C. À S. DE MOUTARDE SAVORA
**8** CL D'HUILE D'OLIVE
**2** C. À S. DE CHAPELURE
SEL ET POIVRE DU MOULIN

**1** Préchauffez le gril du four à 240 °C (th. 8). Hachez le cerfeuil et le persil. Dans un bol, mélangez-les avec la moutarde, 2 cuillerées à soupe d'huile d'olive et 2 cuillerées à soupe d'eau. Salez et poivrez.

**2** Dans une poêle, faites saisir les côtelettes avec le reste de l'huile d'olive 2 minutes de chaque côté. Salez et poivrez.

**3** Déposez les côtelettes sur une plaque à four. Versez la sauce aux herbes par-dessus et parsemez de chapelure. Enfournez pour 3 à 4 minutes. Servez aussitôt accompagnés de poireaux grillés (voir p. 92).

## À DÉGUSTER

avec un bourgueil

# Carrés de côtelettes de chevreuil aux noix et au cidre

Pour **4 personnes** / Préparation **30 min** / Cuisson **35 min**

**4** CARRÉS DE 3 CÔTELETTES DE CHEVREUIL
**1** ÉCHALOTE
**30** CL DE CIDRE
**10** CL DE FOND DE VEAU OU DE GIBIER
**1** C. À S. DE CRÈME FRAÎCHE ÉPAISSE
**2** C. À S. D'HUILE D'OLIVE
SEL ET POIVRE DU MOULIN

**POUR LA PÂTE :**

**50** G DE CERNEAUX DE NOIX
**20** G DE BEURRE MOU
**20** G DE PARMESAN RÂPÉ
**1** C. À S. RASE DE FARINE
**2** GROSSES C. À S. DE CHAPELURE
**2** BRANCHES D'ESTRAGON HACHÉES

1. Épluchez et hachez l'échalote.
2. Dans une casserole, faites réduire de ⅔ le cidre avec l'échalote sur feu moyen. Ajoutez le fond de veau ou de gibier, et faites réduire le tout de moitié sur feu moyen. Ajoutez la crème fraîche, salez et poivrez. Réservez au chaud, au bain-marie.
3. Dans une poêle, faites saisir les carrés de côtelettes avec l'huile d'olive sur toutes leurs faces. Salez et poivrez. Réservez.
4. Préchauffez le four à 180 °C (th. 6). Préparez la pâte : hachez les noix à l'aide d'un minirobot hachoir. Dans un récipient, mélangez-les avec le beurre, le parmesan, la farine, la chapelure, l'estragon, du sel et du poivre.
5. Déposez les carrés dans un plat à four et badigeonnez la chair de cette pâte. Enfournez pour 10 à 15 minutes selon la cuisson désirée.
6. Servez avec la sauce au cidre et des topinambours confits (voir p. 94).

## À DÉGUSTER

avec un cornas ou du cidre

# ÉPAULES DE CHEVREUIL DE 7 HEURES AU FOIN

Pour **4 à 6 personnes** / Préparation **20 min** / Cuisson **7 h**

**2** ÉPAULES DE CHEVREUIL
**3** CAROTTES
**2** OIGNONS JAUNES
**2** GOUSSES D'AIL
**3** C. À S. D'HUILE D'OLIVE
**50** CL DE VIN BLANC
**1** GROSSE POIGNÉE DE FOIN
**3** FEUILLES DE LAURIER SÉCHÉES
**4** BAIES DE GENIÈVRE ENTIÈRES
SEL ET POIVRE DU MOULIN

### À DÉGUSTER

avec un chinon rouge

1. Désossez les épaules en suivant bien l'os avec le couteau afin d'obtenir un minimum de morceaux possible. Ficelez ces derniers pour former un rôti.
2. Épluchez, lavez et taillez les carottes en dés. Pelez et hachez les oignons et les gousses d'ail.
3. Préchauffez le four à 120 °C (th. 4). Dans une grande cocotte, faites saisir le rôti d'épaule avec l'huile d'olive sur toutes ses faces 6 à 8 minutes. Baissez le feu et ajoutez l'oignon, les carottes et l'ail. Laissez cuire 5 minutes sur feu moyen.
4. Versez le vin blanc et 15 cl d'eau, ajoutez le laurier et les baies de genièvre, salez et poivrez. Répartissez le foin autour du rôti en le tassant de sorte qu'il soit légèrement immergé. Couvrez la cocotte et enfournez pendant 7 heures, en tournant délicatement le rôti deux fois pendant la cuisson.
5. Servez avec une purée de pommes de terre (voir p. 90) ou de céleri (voir p. 90).

LE CREUSET

# Poêlée de foie de chevreuil aux champignons et croûtons à l'ail

Pour **4 personnes** / Préparation **30 min** / Cuisson **20 min**

**1** FOIE DE CHEVREUIL DE 600-700 G COUPÉ EN MORCEAUX
**1** BOUQUET DE PERSIL
**3** GOUSSES D'AIL
**400** G DE CÈPES
**50** G DE NOISETTES
**2** TRANCHES ÉPAISSES DE PAIN
**2** C. À S. DE FARINE
**5** CL D'HUILE DE NOISETTE
**30** G DE BEURRE
SEL, POIVRE DU MOULIN

## À DÉGUSTER

avec un saint-véran

**1** Lavez et hachez le persil. Épluchez les gousses d'ail, puis hachez-en deux et gardez la troisième entière. Nettoyez les cèpes, coupez-les en quartiers. Concassez grossièrement les noisettes.

**2** Préchauffez le gril du four. Frottez les tranches de pain avec la gousse d'ail entière, puis coupez le pain en croûtons et déposez-les sur une plaque de four. Faites les dorer quelques minutes sous le gril

**3** Assaisonnez les morceaux de foie et passez-les dans la farine, puis réservez.

**4** Faites cuire les cèpes 5 minutes dans une poêle sur feu vif avec la moitié de l'huile de noisette. Ajoutez les noisettes, salez, poivrez, faites cuire encore 1 minute puis débarrassez le tout sur une assiette. Réservez.

**5** Mettez le reste de l'huile dans la poêle et faites cuire les morceaux de foie 8 à 10 minutes sur feu moyen. Ajoutez ensuite les cèpes et les noisettes dans la poêle, l'ail et le persil haché, le beurre, du sel et du poivre. Faites cuire le tout pendant 3 minutes sur feu moyen en mélangeant. Servez aussitôt avec les croûtons de pain dorés à l'ail.

# Rognons de chevreuil à la harissa et à l'oignon frit

Pour **4 personnes** / Préparation **30 min** / Cuisson **50 min**

**800** G DE ROGNONS DE CHEVREUIL
**600** G DE PETITES POMMES DE TERRE GRENAILLE
**1** C. À S. DE GRAINES DE CARVI
**40** G DE BEURRE
**5** CL D'HUILE DE TOURNESOL
**1** OIGNON JAUNE MOYEN
**1** C. À S. BOMBÉE DE HARISSA
**25** CL DE VIN BLANC
**3** BRINS DE CORIANDRE
SEL, POIVRE DU MOULIN

## À DÉGUSTER

avec un collioure rouge

**1** Lavez les pommes de terre avec leur peau, faites-les cuire 15 minutes dans l'eau salée, froide au départ. Égouttez-les et mettez-les dans une poêle avec les graines de carvi, le beurre et une cuillère à soupe d'huile. Salez, poivrez et laissez cuire 10 minutes sur feu moyen.

**2** Épluchez et hachez l'oignon. Préparez et coupez les rognons en morceaux, puis saisissez-les 6 à 8 minutes dans une grande poêle sur feu vif avec le reste de l'huile. Salez, poivrez, puis retirez les morceaux de rognons. Dans la poêle, faites rissoler l'oignon 5 minutes sur feu vif en remuant. Ajoutez la harissa et laissez roussir 2 minutes en remuant, puis versez le vin blanc. Mélangez avec un fouet, salez et faites cuire 5 minutes sur feu moyen.

**3** Mettez les morceaux de rognons et les pommes de terre dans la poêle et faites chauffer le tout 5 minutes en mélangeant. Parsemez de coriandre ciselée et servez aussitôt.

# ROGNONS DE CHEVREUIL AUX CHAMPIGNONS ET AUX NOISETTES EN PERSILLADE

Pour **4 personnes** / Préparation **30 min** / Cuisson **25 min**

**700** G DE ROGNONS DE CHEVREUIL NETTOYÉS ET COUPÉS EN MORCEAUX
**400** G DE CHAMPIGNONS DE PARIS
**1** PETIT BOUQUET DE PERSIL FRISÉ
**2** ÉCHALOTES
**60** G DE NOISETTES ENTIÈRES
**40** G DE BEURRE
**5** CL D'HUILE DE TOURNESOL
**10** CL DE PORTO
**20** CL DE FOND DE VEAU OU DE GIBIER
SEL ET POIVRE DU MOULIN

—

### À DÉGUSTER

avec un gaillac rouge

1. Lavez et coupez les champignons en quartiers. Lavez et hachez le persil. Pelez et émincez les échalotes.

2. Dans une poêle, faites torréfier les noisettes 5 minutes à sec. Laissez-les refroidir, puis hachez-les grossièrement avec un couteau. Dans un récipient, mélangez-les au persil. Réservez.

3. Dans une poêle, faites sauter les champignons avec la moitié du beurre sur feu vif. Salez, poivrez et réservez.

4. Dans une grande poêle, faites saisir les rognons avec l'huile et le reste de beurre 5 minutes. Ajoutez les échalotes, salez, poivrez et laissez cuire encore 3 minutes.

5. Augmentez le feu et versez la moitié du porto pour faire flamber les rognons. Laissez réduire 3 minutes. Retirez les rognons de la poêle et déposez-les dans une passoire. Versez le reste de porto et le fond de veau ou de gibier dans la poêle. Salez, poivrez, puis faites réduire sur feu vif jusqu'à obtenir une sauce sirupeuse. Ajoutez le reste du beurre en fouettant.

6. Remettez les rognons dans la poêle. Ajoutez les champignons et faites cuire le tout 5 minutes sur feu moyen. Parsemez de noisettes persillées et servez aussitôt.

# BARBECUE DE NOISETTES DE CHEVREUIL LARDÉES ET FUMÉES

Pour **4 personnes** / Préparation **20 min** / Fumage **30 min** / Cuisson **45 min**

**800** G DE FILET DE CHEVREUIL
**12** TRANCHES FINES DE POITRINE FUMÉE
**8** MINIPOIREAUX
**5** CL D'HUILE D'OLIVE
**1** C. À S. DE MOUTARDE SAVORA
**1** C. À S. DE MIEL LIQUIDE
**1** C. À S. DE SAUCE BARBECUE
**1** GROSSE POIGNÉE DE BRINDILLES DE PIN OU DE FEUILLES SÈCHES
**1** C. À S. D'HUILE D'OLIVE
SEL, POIVRE DU MOULIN

—

## À DÉGUSTER

avec un gigondas

**1** Coupez le filet de chevreuil en douze tranches de 2 cm d'épaisseur environ, puis entourez chaque tranche d'une tranche de poitrine fumée. Disposez des brindilles de pin ou des feuilles sèches et des branchages dans le fond d'une grande cocotte. Posez une grande grille dessus et déposez les noisettes de chevreuil sur la grille. Allumez les brindilles avec un petit chalumeau sans les faire complètement brûler. Couvrez la cocotte en laissant un peu d'air passer, afin que les brindilles se consument doucement et dégagent de la fumée. Laissez fumer 30 minutes environ ; rallumez les brindilles si besoin pendant le fumage.

**2** Nettoyez les poireaux. Faites-les griller entiers dans une poêle ou sur un gril à feu très doux pendant 30 à 40 minutes selon leur grosseur, en les badigeonnant d'huile d'olive et en les tournant régulièrement.

**3** Mélangez la moutarde dans un bol avec le miel, la sauce barbecue, du sel et du poivre.

**4** Une fois qu'elles sont fumées, faites griller dans une poêle les noisettes de chevreuil 3 à 5 minutes de chaque côté, salez, poivrez.

**5** Servez avec les poireaux grillés et la sauce.

# NOISETTES DE CHEVREUIL AUX CLÉMENTINES, CAROTTES VICHY À L'ANIS

Pour **4 personnes** / Préparation **30 min** / Cuisson **30 min**

**700** G DE FILET DE CHEVREUIL
**2** CLÉMENTINES
**600** G DE CAROTTES
**70** G DE BEURRE
**40** G DE SUCRE
**1** C. À S. DE GRAINES DE FENOUIL
**2** ÉTOILES DE BADIANE
**5** CL DE VINAIGRE DE VIN
LE JUS DE **4** CLÉMENTINES
**2** C. À S. D'HUILE D'OLIVE
**2** BRINS DE CERFEUIL
SEL, POIVRE DU MOULIN

—

**À DÉGUSTER**
avec un bandol rouge

1. Coupez le filet de chevreuil en morceaux, façon tournedos, de 3 cm d'épaisseur environ. Lavez et zestez finement une clémentine sur les noisettes de chevreuil, assaisonnez-les et placez-les 15 minutes au réfrigérateur. Épluchez et taillez les carottes en fines rondelles.

2. Faites fondre 50 g de beurre dans une sauteuse. Ajoutez les carottes, 20 g de sucre, les graines de fenouil, la badiane, du sel et du poivre. Enrobez les carottes de sucre et de beurre, puis mouillez d'eau à hauteur. Posez ensuite sur les carottes du papier sulfurisé découpé au bon diamètre et faites-les cuire 15 à 20 minutes sur feu moyen.

3. Faites cuire le reste du sucre avec le vinaigre dans une casserole pour obtenir un sirop épais. Ajoutez le jus des quatre clémentines, laissez mijoter 6 à 8 minutes sur feu vif, puis ajoutez le reste du beurre en fouettant pour obtenir une sauce légèrement épaisse.

4. Épluchez les deux clémentines et coupez-les en deux. Faites-les dorer 3 à 4 minutes dans une poêle avec l'huile d'olive, puis mettez-les dans la casserole avec la sauce.

5. Faites cuire les noisettes de chevreuil 3 à 4 minutes de chaque côté dans une poêle sur feu moyen ; elles doivent rester rosées (6 à 8 minutes de cuisson pour qu'elles soient bien cuites). Répartissez les noisettes de chevreuil dans les assiettes avec les carottes et les demi-clémentines et nappez de sauce à la clémentine. Parsemez de brins de cerfeuil ciselés et servez aussitôt.

# Tourte de chevreuil aux champignons

Pour **4 à 6 personnes** / Préparation **45 min** / Repos **2 h** / Cuisson **3 h**

**POUR LA PÂTE :**

**125** G DE BEURRE
+ **10** G POUR LE MOULE
**20** G DE GRAINES DE PAVOT
**15** G DE CURCUMA EN POUDRE
**250** G DE FARINE
**5** G DE SEL
**1** JAUNE D'ŒUF
+ **1** POUR LA DORURE

**600** G D'ÉPAULE DE CHEVREUIL COUPÉE EN PETITS MORCEAUX
**2** OIGNONS JAUNES
**2** TOMATES
**5** CL D'HUILE D'OLIVE
**1** C. À S. DE GRAINES DE CARVI
**2** C. À S. DE MIEL LIQUIDE
**350** G DE CHAMPIGNONS DE PARIS
**30** G DE BEURRE
SEL ET POIVRE DU MOULIN

## À DÉGUSTER

avec un saint-émilion

1. Préparez la pâte : dans un saladier, mélangez le beurre avec le pavot et le curcuma. Ajoutez la farine, le sel, 1 jaune d'œuf et 6 à 8 cl d'eau froide. Mélangez, puis formez une boule. Enveloppez celle-ci de film alimentaire et placez au réfrigérateur au moins 2 heures.
2. Épluchez et hachez les oignons, lavez et coupez les tomates en morceaux.
3. Dans une cocotte, faites saisir la viande avec l'huile d'olive 10 minutes sur feu vif. Ajoutez les oignons et les tomates et poursuivez la cuisson pendant 5 minutes sur feu moyen. Ajoutez les graines de carvi et le miel, salez et poivrez. Faites légèrement caraméliser en enrobant bien les morceaux de viande dans le miel, puis couvrez d'eau froide. Couvrez la cocotte et laissez cuire 2 heures sur feu moyen en remuant régulièrement. Si nécessaire, ajoutez un peu d'eau en cours de cuisson.
4. Pendant ce temps, lavez et émincez les champignons. Dans une poêle, faites-les cuire avec le beurre 8 à 10 minutes sur feu vif. Réservez.
5. Lorsque la viande est cuite (elle doit être filandreuse), retirez du feu et laissez refroidir dans la cocotte 45 minutes environ. Sortez la pâte du réfrigérateur et préchauffez le four à 180 °C (th. 6).
6. Effilochez la viande à la main, puis mélangez-la dans un saladier avec l'oignon, les champignons et un peu de sauce de cuisson.
7. Beurrez un moule à manqué de 22 cm de diamètre environ. Sur un plan de travail fariné, abaissez les ⅔ de la pâte sur 3 mm d'épaisseur environ et chemisez-en le moule. Piquez le fond avec les dents d'une fourchette, puis ajoutez la garniture en la répartissant bien. Abaissez le reste de la pâte sur 3 mm d'épaisseur et découpez un cercle de la taille du moule. Déposez celui-ci par-dessus la viande et soudez les bords en pinçant bien la pâte avec vos doigts. Faites un trou au milieu avec la pointe d'un couteau. Délayez le jaune d'œuf restant dans un peu d'eau, puis badigeonnez-en la surface de la tourte. Enfournez pour 50 minutes.
8. Au sortir du four, laissez reposer 10 minutes avant de déguster.

# Terrine de chevreuil au genièvre

Pour **8 personnes** / Préparation **30 min** / Marinade **12 h** / Cuisson **1 h 30** / Réfrigération **48 h**

**POUR LA MARINADE :**

**8** BAIES DE GENIÈVRE
**10** CL DE VIN BLANC
**5** CL DE GIN

**500** G DE VIANDE DE CHEVREUIL DÉNERVÉE
**350** G DE POITRINE DE PORC OU DE LARD GRAS
**1** OIGNON MOYEN
**20** G DE BEURRE
**10** CL DE FOND DE VEAU
**100** G DE FOIE DE CHEVREUIL OU DE PORC
**1** ŒUF
**15** G DE SEL
**8** G DE POIVRE
**1** BARDE DE 15 X 12 CM ENVIRON
**15** CL DE GELÉE

**1** La veille, écrasez les baies de genièvre. Coupez la viande de chevreuil et la poitrine ou le lard en petits morceaux. Placez-les dans un plat et ajoutez le vin blanc, le gin et les baies de genièvre. Couvrez de film alimentaire et placez 12 heures au réfrigérateur.

**2** Le jour même, épluchez et hachez l'oignon. Dans une poêle, faites-le fondre avec le beurre 5 minutes sur feu moyen. Déglacez la poêle avec le fond de veau, faites réduire de moitié, et laissez refroidir.

**3** Préchauffez le four à 170 °C (th. 5-6). Hachez la viande de chevreuil, le lard ou la poitrine, le foie et les baies de genièvre à l'aide d'un hachoir (grosse grille). Dans un récipient, mélangez les viandes avec l'oignon confit, l'œuf, le sel et le poivre.

**4** Chemisez une terrine de 15 x 12 cm environ avec la barde. Remplissez-la de la farce en tassant bien. Couvrez la terrine et faites cuire le tout 1 h 30 dans le four au bain-marie.

**5** Au sortir du four, laissez refroidir. Retirez le jus rendu si nécessaire, puis coulez la gelée dans la terrine pour recouvrir les bords. Placez au moins 48 heures au réfrigérateur avant de déguster.

## À DÉGUSTER

avec un cornas

# PÂTÉ DE CHEVREUIL EN CROÛTE

Pour **8 à 10 personnes** / Préparation **1 h** / Marinade **12 h** / Cuisson **1 h 30** / Repos **48 h**

**400** G DE VIANDE DE CHEVREUIL DÉNERVÉE
**350** G DE POITRINE DE PORC

**POUR LA MARINADE :**

**10** CL DE VIN BLANC
**5** CL DE COGNAC
**5** G DE PIMENT D'ESPELETTE

**POUR LA PÂTE :**

**200** G DE BEURRE MOU
**1** ŒUF
**1** C. À C. DE VINAIGRE D'ALCOOL BLANC
**300** G DE FARINE
**125** G DE MAÏZENA
**10** G DE SEL
**1** C. À C. BOMBÉE DE SUCRE

**4** ÉCHALOTES
**20** G DE BEURRE + **10** G POUR LE MOULE OU LA TERRINE + **20** G POUR LA DORURE PENDANT LA CUISSON
**10** CL DE FOND DE VEAU OU DE GIBIER
**400** G DE FILETS DE CHEVREUIL
**1** C. À S. D'HUILE D'OLIVE
**150** G DE FOIE DE CHEVREUIL OU À DÉFAUT DE PORC
**100** G DE PISTACHES ENTIÈRES ET DÉCORTIQUÉES
**1** ŒUF
**15** G DE SEL
**1** SACHET DE GELÉE AU MADÈRE

**1** La veille, coupez la viande de chevreuil et la poitrine en petits morceaux. Mettez-les dans un récipient avec le vin blanc, le cognac et le piment d'Espelette. Couvrez de film alimentaire et placez 12 heures au réfrigérateur.

**2** Préparez également la pâte : à l'aide d'un batteur équipé de sa feuille, mélangez à vitesse lente le beurre avec l'œuf, le vinaigre et 80 cl d'eau tiède. Ajoutez la farine, la Maïzena, le sel et le sucre. Augmentez la vitesse et mélangez 4 à 5 minutes jusqu'à obtenir une pâte homogène. Formez une boule, enveloppez-la de film alimentaire et placez-la 12 heures au réfrigérateur.

**3** Le jour même, faites fondre les échalotes dans le beurre 5 minutes sur feu moyen. Ajoutez le fond de veau ou de gibier, faites réduire de moitié et laissez refroidir. Dans une poêle, faites saisir les filets de chevreuil avec l'huile d'olive 2 minutes de chaque côté. Salez et poivrez. Réservez.

**4** Hachez la viande de chevreuil, le lard ou la poitrine et le foie à l'aide d'un hachoir (grosse grille). Mélangez les viandes hachées dans un récipient avec les échalotes fondues, les pistaches, l'œuf et le sel. Beurrez un moule à charnière de 22 x 8 cm environ. Étalez la pâte sur 5 mm d'épaisseur, puis coupez-la en 4 morceaux : 1 pour chemiser le fond de la terrine et ses côtés, 2 pour les extrémités et 1 pour le dessus. Soudez les bords à la main après avoir trempé vos doigts dans l'eau.

**5** Garnissez la terrine avec la moitié de la farce, déposez les filets de chevreuil entiers et recouvrez avec le reste de la farce en tassant bien. Déposez le morceau de pâte supérieur, réalisez 3 trous de 1,5 cm de diamètre et placez 2 heures au réfrigérateur.

**6** Préchauffez le four à 200 °C (th. 6-7). Dans une casserole, faites fondre les 20 grammes de beurre restant.

**7** Placez 3 douilles métalliques de pâtisserie (ou 3 morceaux d'aluminium roulés) dans les trous de la pâte pour former des cheminées. Vous pouvez tracer des motifs en striant le dessus de la pâte avec la pointe d'un couteau.

**8** Enfournez, puis baissez la température à 170 °C (th. 5-6) après 10 minutes de cuisson. Laissez cuire 1 h 20 en lustrant la surface de beurre fondu avec un pinceau toutes les 15 minutes.

**9** Au sortir du four, laissez reposer 30 minutes, puis versez doucement la gelée par les trous de la pâte par petites quantités. Laissez complètement refroidir et placez 48 heures au réfrigérateur avant de démouler le pâté et le couper en tranches. **Conseil :** si vous le pouvez, utilisez un moule à charnière pour un démoulage parfait.

### À DÉGUSTER

avec un saint-joseph

# TERRINE DE CHEVREUIL À L'OIGNON CONFIT ET AU PIMENT D'ESPELETTE

Pour **8 personnes** / Préparation **30 min** / Marinade **12 h** / Cuisson **1 h 55** / Réfrigération **48 h**

**POUR LA MARINADE :**

**10** CL DE VIN BLANC
**5** CL D'ARMAGNAC
**10** G DE PIMENT D'ESPELETTE

**500** G DE VIANDE DE CHEVREUIL
**350** G DE POITRINE DE PORC OU DE LARD GRAS
**2** GROS OIGNONS
**30** G DE BEURRE
**25** G DE SUCRE CASSONADE
**100** G DE FOIE DE CHEVREUIL OU DE PORC
**2** C. À S. DE VINAIGRE DE VIN ROUGE
**1** ŒUF
**15** G DE SEL
**1** MORCEAU DE CRÉPINE DE 30 X 20 CM ENVIRON
**15** CL DE GELÉE

1. La veille, coupez la viande de chevreuil et la poitrine ou le lard en petits morceaux. Mettez-les dans un récipient avec le vin blanc, l'armagnac et le piment d'Espelette. Couvrez de film alimentaire et placez 12 heures au réfrigérateur.
2. Le jour même, épluchez et hachez les oignons. Dans une poêle, faites-les fondre avec le beurre 10 minutes sur feu moyen. Ajoutez la cassonade et faites cuire encore 10 minutes jusqu'à ce que les oignons caramélisent légèrement. Versez le vinaigre, faites cuire 5 minutes, puis laissez refroidir.
3. Préchauffez le four à 170 °C (th. 5-6). Hachez la viande de chevreuil, le lard ou la poitrine et le foie à l'aide d'un hachoir (grosse grille). Dans un récipient, mélangez les viandes hachées avec l'oignon confit, l'œuf et le sel.
4. Chemisez une terrine de 15 x 12 cm environ avec la crépine, puis remplissez-la de la farce en tassant bien. Rabattez la crépine sur la farce. Couvrez la terrine et faites-la cuire 1 h 30 dans le four au bain-marie.
5. Au sortir du four, laissez la terrine refroidir. Retirez le jus rendu si nécessaire, puis coulez la gelée dans la terrine pour recouvrir les bords. Placez au moins 48 heures au réfrigérateur avant de déguster.

### À DÉGUSTER

avec un mâcon blanc ou un irancy

# Terrine de chevreuil aux noisettes et aux figues moelleuses

Pour **8 personnes** / Préparation **30 min** / Marinade **12 h** / Cuisson **1 h 30** / Réfrigération **48 h**

**POUR LA MARINADE :**

**10** CL DE VIN BLANC MOELLEUX
**5** CL D'ARMAGNAC
**2** FEUILLES DE LAURIER

**500** G DE VIANDE DE CHEVREUIL
**350** G DE POITRINE DE PORC
**80** G D'ÉCHALOTES
**100** G DE FOIE DE CHEVREUIL OU À DÉFAUT DE FOIE DE PORC
**10** CL DE VIN BLANC MOELLEUX
**1** ŒUF
**10** CL DE FOND DE VEAU OU DE GIBIER
**20** G DE BEURRE
**8** FIGUES MOELLEUSES
**120** G DE NOISETTES
**2** FEUILLES DE LAURIER
**15** G DE SEL
**8** G DE POIVRE
**15** CL DE GELÉE

**1** La veille, coupez la viande de chevreuil et la poitrine en petits morceaux. Mettez-les dans un récipient avec la moitié du vin blanc, l'armagnac et le laurier. Couvrez de film alimentaire et placez 12 heures au réfrigérateur.

**2** Le jour même, épluchez et hachez les échalotes. Dans une poêle, faites-les fondre avec le beurre 5 minutes sur feu moyen. Déglacez la poêle avec le vin, laissez le réduire presque à sec, puis ajoutez le fond de veau. Faites réduire de moitié et laissez refroidir.

**3** Dans une poêle chaude, faites torréfier les noisettes à sec 5 minutes, puis laissez refroidir.

**4** Préchauffez le four à 170 °C (th. 5-6). Coupez les figues en petits morceaux. Hachez la viande de chevreuil, le lard et le foie avec la grosse grille du hachoir. Mélangez les viandes hachées dans un récipient avec les échalotes fondues, les noisettes torréfiées, les figues, l'œuf, le sel et le poivre.

**5** Remplissez la terrine avec la farce en tassant bien, puis déposez les 2 feuilles de laurier dessus. Couvrez et faites cuire 1 h 30 au four, au bain-marie.

**6** Au sortir du four, laissez refroidir. Retirez le jus rendu si nécessaire, puis coulez la gelée dans la terrine pour recouvrir les bords. Placez au moins 48 heures au réfrigérateur avant de déguster.

### À DÉGUSTER

avec un syrah des côtes du Rhone

# Mousse de foie de chevreuil à la crème de cassis

Pour **4 personnes** / Préparation **25 min** / Cuisson **25 min** / Réfrigération **6 h**

**300** G DE FOIE DE CHEVREUIL COUPÉ EN CUBES DE 2 CM ENVIRON
**1** OIGNON JAUNE MOYEN
**130** G DE BEURRE
**5** CL DE CALVADOS
**10** CL DE CRÈME DE CASSIS
**10** CL DE GELÉE DÉSHYDRATÉE
SEL ET POIVRE DU MOULIN

## À DÉGUSTER

avec un lalande-de-pomerol

1. Épluchez et hachez l'oignon. Faites-le fondre 5 minutes avec 10 g de beurre dans une casserole. Ajoutez les morceaux de foie de chevreuil et faites-les dorer 5 minutes sur feu vif, puis ajoutez le calvados et la crème de cassis. Salez et poivrez. Laissez cuire 10 à 15 minutes sur feu moyen.
2. Laissez refroidir le tout puis mettez le contenu de la casserole dans le bol d'un robot. Ajoutez le reste du beurre légèrement mou coupé en morceaux, puis mixez pour obtenir une mousse de foie. Versez la préparation dans une terrine et laissez prendre au moins 6 heures au réfrigérateur.
3. Une fois la mousse prise, versez la gelée dessus et replacez la terrine au réfrigérateur pour 6 heures
4. Dégustez avec du bon pain frais.

# ACCOMPAGNEMENTS

# PURÉE DE CÉLERI

Pour **4 personnes** / Préparation **15 min** / Cuisson **35 min**

**750** G DE CÉLERI-RAVE / **150** G DE BEURRE / **1** C. À C. DE SEL DE CÉLERI / SEL, POIVRE DU MOULIN

**1** Épluchez, lavez et coupez le céleri en morceaux. Faites-le cuire 30 à 35 minutes dans une casserole d'eau bouillante avec le sel de céleri. Vérifiez la cuisson du céleri en enfonçant la pointe d'un couteau dedans : le céleri doit être tendre. Une fois cuit, utilisez une passoire et laissez-le s'égoutter 5 minutes.

**2** Mettez ensuite le céleri dans la cuve d'un robot ou d'un blender avec le beurre en morceaux légèrement mous, salez et poivrez. Mixez le tout quelques minutes pour obtenir une purée lisse et onctueuse.

# PURÉE DE POMMES DE TERRE

Pour **4 personnes** / Préparation **20 min** / Cuisson **25 min**

**1** KG DE POMMES DE TERRE / **20** CL DE LAIT / **120** G DE BEURRE / **3** C. À S. DE CRÈME FRAÎCHE ÉPAISSE / SEL, POIVRE DU MOULIN

**1** Épluchez, lavez et coupez les pommes de terre en morceaux. Faites-les cuire 20 à 25 minutes dans de l'eau salée froide. Une fois cuites, utilisez une passoire et laissez-les s'égoutter 5 minutes avant de les passer au presse-purée.

**2** Faites chauffer le lait dans une casserole. Ajoutez le lait bouillant dans la purée avec le beurre en morceaux, la crème, salez et poivrez. Mélangez vivement à l'aide d'une spatule.

**3** Gardez la purée au chaud au bain-marie jusqu'au moment de servir.

**4** Pour une purée parfaite, après avoir passé les pommes de terre au presse-purée, passez-les dans un tamis fin avant d'ajouter les autres ingrédients.

# PURÉE DE PANAIS AU WASABI

Pour **4 personnes** / Préparation **15 min** / Cuisson **30 min**

**750** G DE PANAIS / **1** CUBE DE BOUILLON DE LÉGUMES / **140** G DE BEURRE MOU / **1** C. À C. BOMBÉE DE WASABI / SEL

**1** Épluchez, lavez et coupez les panais en petits morceaux. Faites-les cuire 30 minutes dans une casserole d'eau bouillante salée avec le cube de bouillon de légumes.

**2** Une fois cuits, égouttez-les, mettez-les dans un récipient et mixez-les avec le beurre coupé en petits morceaux, le wasabi et du sel, à l'aide d'un mixer plongeant afin d'obtenir une purée onctueuse.

**3** Gardez la purée au chaud au bain-marie ou servez aussitôt.

PURÉE DE CÉLERI
PURÉE DE POMMES DE TERRE
PURÉE DE PANAIS AU WASABI

## POIREAUX GRILLÉS

Pour **4 personnes** / Préparation **10 min** / Cuisson **30 min**

**8** PETITS POIREAUX NOUVEAUX / **8** CL D'HUILE D'OLIVE / SEL, POIVRE DU MOULIN

1. Nettoyez les poireaux en retirant bien le vert. Sur chaque poireau, faites 4 entailles de 3 mm d'épaisseur sur toute la longueur.
2. Déposez les poireaux sur un gril en fonte ou dans une poêle, et allumez le feu. Badigeonnez-les d'huile à l'aide d'un pinceau, salez et poivrez. Faites-les cuire 30 à 40 minutes (selon leur diamètre) sur feu doux, en les tournant et en les badigeonnant d'huile régulièrement.
3. Vérifiez la cuisson en enfonçant la pointe d'un couteau (elle doit s'enfoncer facilement). Les poireaux doivent être tendres tout en restant légèrement croquants.
4. Servez chaud ou froid, avec un trait d'huile et de vinaigre de vin ou balsamique.

## CHOU ROUGE CONFIT À L'ORANGE

Pour **4 personnes** / Préparation **10 min** / Cuisson **45 min**

**600** G DE CHOU ROUGE / **60** G DE BEURRE / **1** C. À S. DE MIEL / **15** CL DE JUS D'ORANGE / SEL, POIVRE DU MOULIN

1. Retirez le cœur du chou et émincez-le finement.
2. Faites-le fondre dans le beurre 10 minutes dans une cocotte sur feu moyen. Ajoutez le miel, le jus d'orange, 10 cl d'eau, du sel et du poivre. Poursuivez la cuisson pendant 30 minutes sur feu moyen en remuant régulièrement.

CHOU ROUGE
CONFIT À L'ORANGE
POIREAUX GRILLÉS

# Potirons rôtis aux graines

Pour **4 personnes** / Préparation **10 min** / Cuisson **30 min**

**2** MINIPOTIRONS OU MINICOURGES / **2** C. À S. DE GRAINES DE COURGE / **1** C. À S. DE GRAINES DE TOURNESOL / **1** C. À S. DE GRAINES DE SÉSAME DORÉ / **8** CL D'HUILE D'OLIVE / SEL, POIVRE DU MOULIN

**1** Préchauffez le four à 200 °C (th. 6-7). Coupez les minipotirons en deux, retirez les pépins avec une cuillère, coupez un peu la base de chaque moitié pour les faire tenir dans le plat et entaillez légèrement la chair de chaque partie avec la pointe d'un couteau.

**2** Mélangez les différentes graines dans un bol, puis répartissez-les sur les potirons. Salez, poivrez, arrosez-les d'huile d'olive.

**3** Faites rôtir les potirons 30 minutes dans le four.

**4** Servez les potirons aussitôt sortis du four.

# Topinambours confits

Pour **4 personnes** / Préparation **15 min** / Cuisson **35 min**

**500** G DE TOPINAMBOURS / **350** G DE GRAISSE DE FOIE GRAS (GRAISSE RÉCUPÉRÉE APRÈS CUISSON ET PRESSAGE DU FOIE GRAS CUIT ; SINON, FAITES FONDRE DU FOIE GRAS CRU DANS UNE CASSEROLE AU BAIN-MARIE) / SEL, POIVRE DU MOULIN

**1** Faites chauffer la graisse dans une casserole sur feu doux pour la faire fondre. Épluchez, lavez et coupez les topinambours en morceaux de taille égale. Essuyez-les dans un torchon propre puis versez-les dans la graisse chaude, salez, poivrez. Faites-les cuire 30 minutes sur feu doux ; la graisse doit à peine frémir.

**2** Laissez les topinambours tiédir dans leur graisse de cuisson, égouttez-les puis faites-les rissoler délicatement 3 minutes dans une poêle sur feu vif. Servez aussitôt.

**Conseil :** on peut remplacer la graisse de foie gras par de la graisse de canard.

# Salsifis rôtis au beurre persillé

Pour **4 personnes** / Préparation **20 min** / Cuisson **35 min**

**1** KG DE SALSIFIS FRAIS / **1** CITRON / **1** BOUQUET DE PERSIL / **1** GOUSSE D'AIL / **80** G DE BEURRE SALÉ MOU / **2** C. À S. D'HUILE D'OLIVE / SEL, POIVRE DU MOULIN

**1** Préchauffez le four à 180 °C (th. 6). Épluchez les salsifis, coupez les extrémités et faites-les tremper dans un récipient d'eau citronnée pour éviter qu'ils noircissent. Lavez et hachez le persil. Épluchez et hachez finement l'ail. Mélangez le beurre mou dans un récipient avec le persil, l'ail, du sel et du poivre.

**2** Égouttez les salsifis et versez-les dans un plat à rôtir. Badigeonnez-les d'huile d'olive à l'aide d'un pinceau, salez, poivrez. Enfournez-les pendant 15 minutes.

**3** Répartissez le beurre persillé sur les salsifis, puis enfournez de nouveau les salsifis 15 à 20 minutes, en les tournant dans le beurre à mi-cuisson.

SALSIFIS RÔTIS
AU BEURRE PERSILLÉ
POTIRONS RÔTIS
AUX GRAINES
TOPINAMBOURS
CONFITS

# REMERCIEMENTS

L'éditeur remercie et salue l'équipe de chasseurs des « Bouthonneux » avec lesquels il passe de très beaux moments de chasse, dans la convivialité et le respect des règles de sécurité.

Les auteurs et l'éditeur tiennent à remercier la société Guellier et fils, et particulièrement Laurent Delaunay, pour la fourniture des viandes de gibier de haute qualité.

Guellier et fils
4, avenue Gustave Eiffel
28630 Gellainville
http://www.le-site-de.com/guellier-et-fils-gellainville_58738.html



Éditions du Gerfaut
16, rue du Petit Change
28000 Chartres
editionsdugerfaut.com

Toutes les photographies sont de Pierre-Louis Viel.
Création graphique et mise en pages : mokmok.agency
Suivi éditorial : lunedit.com

Dépôt légal : octobre 2021
ISBN : 978-2-35191-248-5



Les éditions du Gerfaut bénéficient du soutien de la Région Centre-Val de Loire, de l'État (DRAC Centre-Val de Loire) et de Ciclic Centre-Val de Loire.

PRÉFET DE LA RÉGION CENTRE-VAL DE LOIRE | Direction régionale des affaires culturelles
ciclic CENTRE VAL DE LOIRE
Centre-Val de Loire www.centre-valdeloire.fr

Imprimé par Graphycems en Espagne.